きょう、ゴリラをうえたよ

愉快で深いこどものいいまちがい集

文　ゆる言語学ラジオ　水野太貴

イラスト　吉本ユータヌキ

監修・解説　今井むつみ

KADOKAWA

まえがき

「とうもころし、すき！」

ことばを覚えたての子どもがする、鉄板のミスです。

この例には該当しなくても、子育てを経験した方なら、ひとつは笑ってしまういいまちがいエピソードを思い出せるのではないでしょうか。

こんな例を聞きました。

2歳のお子さんのお話です。お菓子がないときに、「お菓子あんない」とずっと言っていたそうです。これは他のケースでも同様で、おもちゃがないときも「おもちゃあんない」と言っていたとのこと。

これも「単なるおばかな間違い」と笑ってしまえばそれまでです。でも私はあなたに問いたい。なぜこの子は「あんない」と言ったのでしょうか？

きっと、「食べない」「行かない」のように、動詞の後ろに「ない」をつければ否定形が作れることはわかっていたのでしょう。そこで、「ある」の後ろに「ない」をつけて「あんない」としたのです。

まぬけな話だと思いますか？　ところがこれは、この子ではなく日本語のルールが悪いのです。

というのも、日本語では基本的に「ない」をくっつければ否定形ができあがるのですが、なぜか「ある」にはつけられないからです。「ある」を否定したければ「あらない」「あんない」ではなく、「ない」だけでOK。要は不条理な例外だったのです。

子どもは大人が思うよりずっとお利口で、鋭い目で言語を学んでいきます。まちがえてしまうのは、少ない情報をもとに頭をひねり、ルールを導き出すから。だからこそ、「あんない」などという聞きなじみのない発言をしてしまったのです。

ここから、こんなことが言えそうです。

子どものいいまちがいには、ことばの本質が詰まっている。

僕はそんな思いから、ネット上で子どものいいまちがいを広く募集しました。そしたら来るわ来るわ。

そして、趣味で言語学を勉強している僕にとっては、それはもう面白くてしかたなかった。日本語文法の核心に迫るような発言もあれば、英語と日本語の思わぬ共通点を突く発言も飛び出したり。子どもの発言をもとに辞書を引いたり、文法書をひっくり返したりすることしきりでした。

その感動と興奮を少しでもおすそ分けしたい。そう思って、1000を超える投稿から特に興味深かったものを80個選《よ》りすぐって、短い解説を加えました。

子どもの月齢順に並べていますが、パラパラと好きな箇所を読んでもよし、自分の子と年の近いところから読んでもよし。それから、「うちの子にもこんな時期があったな」などと感慨に浸るのもよしです。

本書の案内人は、ようやくことばを使い始めた1歳児から、すっかり日本語を使いこなすようになった小学生までさまざまです。さあ、彼らに手を引かれながら、奥深すぎることばの世界を楽しんじゃいましょう！

きょう、ゴリラをうえたよ
愉快で深いこどものいいまちがい集　目次

65
63
62
61

OTAMA

4歳〜

My name is Kenta

カバーデザイン――西垂水敦・内田裕乃（krran）
本文デザイン――大武尚貴
組版――ニッタプリントサービス

愉快で深いこどものいいまちがい

1

「ボールぽーい」

1歳2か月

ホントはお父さんのところに投げてほしかったのに、彼は迷わずボールをごみ箱に捨ててしまったとさ。その「ぽーい」じゃないんだけどなぁ……。

「どかん」とか「ぐるぐる」とか、オノマトペなんて意味は1個しかないような気もします。でも、いろんな意味を持つオノマトペはいっぱいあります。例えば「がんがん」なんかは、「箱を叩《たた》いてがんがん鳴らした」といえば音を指しますが、「テキストをがんがん進める」といえば別の意味になりますよね。

最近意味が増えたものもあります。「がびがび」は従来「水気や脂気が抜けて乾燥したさま」を指していましたが、最近では「メールで届いた写真はがびがびだった」みたいに、画像の画質が低い際にも用いられています。

2

（車を指して）「これは？」「ぶーぶー」
（スマホを指して）「これは？」「ぺいぺい」

1歳11か月

スゴい！　QR決済が普及した、現代らしい話ですね（笑）
しかし、この理屈で言うと、車が「ぶーぶー」と呼ばれなくなる時代も遠くないと思ってしまいました。というのも、今のハイブリッドカーやEVは発進音もとても静かで、ぶーぶー音を立てていないからです。かつてロボット犬のaiboは「1体」と呼ばれていましたが、現代ではあまりのリアルさに「1匹」と数えられるようになったという話も聞きました。テクノロジーが進化すると、それに合わせてことばも変化するのですね。

ぶーぶー
わんわん
ぺいぺい

3

「ハッピバースデー♪」

2歳

お誕生日ケーキを見てこの発言!となったらほほえましい光景なのですが、お墓参りでこの発言……。どうやらこの子は、「ろうそくを見たら『ハッピバースデー』と言うのだ」と思っていたみたいです。うーん、難しいねぇ。ろうそくが万能なのが悪い!

子どもはこのように、特定の表現をシチュエーションに対応させて学んでいます。ほかにも、面白いものを見たときに「恥ずかしい」と言ってしまう事例も複数報告見られました。これは、親に「笑われちゃうよ。恥ずかしいよ」とたしなめられる形で「恥ずかしい」に出会うので、「笑うべき状況=恥ずかしい」と理解するんでしょうね。

先祖代々之
南無阿弥

「おすしのさんぽ」

2歳

回転寿司を見てのひとこと。なんだか詩のような比喩ではないでしょうか。大人が回転寿司を見ても、まずこんな発想は浮かばないはず。これこそが、日本語の単語を覚えきる前の子どものステキなところです。

「さんぽ」と例えたところはもちろんすごいのですが、手持ちの単語でなんとか回転寿司を表現しようとしたところに注目してほしいです。例えば英語で「雑貨屋さん」と言いたいのに、単語が浮かばない状況を思い浮かべてみましょう。持ち合わせの単語だけで伝えるしかない。どうする？　子どもは毎日のように、こうした困難を乗り越えているのです。

しょうゆ!

5

「これはどう？」「どうくない！」「こっちはどう？」「どう、どう♪」

2歳

「お誕生日のケーキおいしい？」と聞かれた、幼少期の記憶は残っていませんか？　あるいは、「遊園地、楽しい？」と問いかけられたときでも構いません。

そんなとき、「おいしい！」「楽しい！」と返したら、両親はパッと笑います。その顔を見て、子どもはこう学習したのかもしれません。「どうやら、上昇調で問いかけられたら最後のところを繰り返すだけで、うちの親は笑顔になってくれるっぽいぞ？」と。

「どう？」と聞かれて「どう」と返しちゃうのは、子どもなりに親を喜ばせようと一生懸命思いやっているのかもしれませんね。

どうくない!
どう♪

どう♪
どうくない!

6

「かたい！！！」（ドアノブに届かなくて）

2歳

お菓子の袋が開かないとき、この子は「かたい」と親に言って、代わりに開けてもらっていたようです。しばらくすると、ドアが開けられないときや、服を上手に着られないときも「かたい」と言うようになったんだとか。

さて、「言いがたい」みたいに「かたい」は「難しい」という意味で使うこともありますよね。これは、「堅い」と同語源のようです。つまり、この子は「難しい」と言いたくて「かたい」と言っていたのかもしれないのです。

さらに驚くことに、英語を見てみると、「難しい」を指すhardは、「堅い」という意味も持ちます。弾力のあるグミのことを「ハードグミ」なんて言いますよね？　つまりこの現象は日英で共通しているんです。

パパの
へや

7

お手紙

「おおきくなってね　先生より」
「せんせいよりおおきくなるの？」

2歳

ことばと付き合う上で悩ましいのは、あいまいさと切り離すことができないという点です。2021年9月、人気アイドルグループ「嵐」のメンバーに関して、こんなニュースが報じられました。「櫻井翔《さくらいしょう》と相葉雅紀《あいばまさき》が結婚」

あなたはどう解釈しましたか？　櫻井さんと相葉さんがそれぞれ同時に結婚を発表しただけだったのですが、一瞬目を疑った人もいたのではと思います。

ここでも、「より」の2つの意味のとりちがいが起こっています。子どもからすれば「こんなややこしい仕組みになってる日本語が悪い！」となるはず。ごめんね、ややこしいルールで。日本語に代わってお詫《わ》び申し上げます。

150
140
130
120
110
100
90
80
70

8

娘「おめめがいたい」
親「パチパチしてごらん」

2歳

　この子は涙を流しながら、パチパチと手を叩き始めました。確かに、「パチパチする」にもいろんな意味があるもんなぁ。一本とられた！

　よく考えてみれば、多義的なオノマトペはいろいろあります。「コロコロ」だって、「落としたペンがコロコロ転がっていった」と「さつきちゃんは言うことがコロコロ変わる」は意味が違いますよね。

　さて、ことばを習得する上で、困るのが多義語です。子どもは基本的に単語の意味はひとつだと思って学習しますからね。しかし、右のような意味が複数あるオノマトペを手がかりに、多義語の存在を理解している可能性があると言われています。オノマトペというと幼稚に思えますが、あなどれません。

9

「アハンアハン、アハンアハン」

2歳

めちゃくちゃ笑ってしまった。こんなん電車で聞かされたら死んじゃう。

われわれには電車の音は「ガタンゴトン」としか聞こえませんが、彼には「アハンアハン」と聞こえたのでしょう。この例からわかるのは、オノマトペでさえも慣習的な表現だということですね。

同じ日本でも、時代が変われぱオノマトペもすっかり変わります。例えば、室町時代の文献には、「朝日が東からつるつる昇る」という描写があります。

アハーン゛…
アハーン゛…

10

「うちゅうがとれちゃったー!」

2歳

一緒にテレビを見ていると、ロケットが宇宙に飛んでいく映像が流れました。すかさず「これが宇宙だよ」と教えたパパ。

その後、ロケットの後方が切り離されるのを見て、「うちゅうがとれちゃったー!」。うーむ、ことばを教えるのは難しいものですね。

子どもは動いているものに注目します。それは物心つく前の乳児のころからそう。ですから映像の動いているもの、つまりロケットに注意を向けていたのでしょう。「これが宇宙だよ」と言われて「動いているロケットを指しているのだろう」と考えても何の不思議もありません。

打ち上げ成功!

11

「ぶつけた！　1いたい！」

2歳

この子は人差し指を「1」と呼んでいたようです。その理由は、数字を教わる際に手の指を使って示されていたから。なるほどなぁ〜。

子どもがことばを学ぶ難しさを示す、こんな例があります。

あなたはある集落に行きました。そこで現地の方が、ウサギを見て「ガヴァガイ！」と言いました。あなたはガヴァガイの意味はわかりますか？

「ウサギ」と決めつけるのは早計です。もしかしたらそのウサギの名前がガヴァガイちゃんなのかもしれないし、「ノウサギ」とか「とびはねる」、「白い」の可能性だってある。そう、数えきれないほど多くの選択肢が存在するのです。

12

「ちゃんは仲良しの人に使うのよ」「おかあちゃん」

2歳

「さん」と「ちゃん」の使い分けを尋ねられたようですが、これまた難問ですね。以降、しばらくはおかあちゃん呼びが続いたようです。かわいい〜！

このふたつの違いについて、辞書に答えを求めると、「ちゃん」は内輪の人を呼ぶときにつけることばで、「さん」よりも砕けた言い方とのこと。であれば「おかあちゃん」と呼んでもなんの問題もないですが、少しおかしな響きに聞こえるのが面白いところですね。

「さん」「ちゃん」以外にも、日本語には「くん」「さま」「殿」などなど、さまざまな呼び方があります。こうした表現は英語と比べると多いですね。日本語母語児はこんなところでも苦労をしているはずです。

13

「パパ、いらなかったよ!」

2歳

家の中でかくれんぼをしていたときのこと。お母さんは見つけられたんだけど、お父さんがなかなか見つからない。そんなとき、子どもはお母さんに嬉々《きき》としてこう報告したんだとか。それを物かげで聞いたお父さん、「捨てないでぇ」とひざから崩れ落ちたんですって(笑)

動詞の活用というのは、日本語母語児にとっては大問題です。「居る」と「要る」は音的にはまったく同じですが、活用は異なります。ほかにも「切る」と「着る」なんかも、「切らない」「着ない」と異なる活用をします。

パパだいすき

14

「コンビいきたい！」

2歳半

「ベチョフリがコボヌに着いた」

今適当につくった例文ですが、なんとなく「ベチョフリ」は人で、「コボヌ」は場所だろうと推測ができましたよね。なぜそう思ったんですか？

私たちは「が」「に」といった格助詞を手がかりに、「前にあるのは名詞だ」といった推論を無意識にしているのです。そして驚くべきはここからで、こうした行動は赤ちゃんの時期にすでにしているのです！

「に」は「遊びに行く」「おばあちゃん家《ち》に行く」などと、「～に行く」という形で使われることが多いですから、「コンビ（という場所）に行きたい」と思ってしまうのは自然なことなんですね。

24h
FamilyStation
ATM
たばこ
酒

15

「は～い、ピザもやしてきました～」

2歳10か月

レストランごっこをしていた女の子が、調理されたピザを持ってきてこう言ったそうです。それを言うなら「焼く」だね!! ただ、「焼く」も「燃やす」も「火にかける」という点では同じ動作を指しています。難しいですね。

「調理のために加熱する」を指す動詞は日本語にけっこうあって、「煎る」「炙《あぶ》る」「燻《いぶ》す」「炒《いた》める」「揚げる」のほか、水を使ったものでも「蒸す」「茹《ゆ》でる」「炊く」などさまざまです。中国語だともっとあって、「炸《ジャー》」（大量の油で揚げる）「烤《カオ》」（直火であぶって焼く）「焖《メン》」（とろ火で煮込む）などなど……。

似た状況で使われることばを正確に使えるようになるのはずいぶん難しく、時間がかかりそうです。

PIZZAPAT
PIZZA PAT
PIZZA PAT

16

「すぐに怒るのよくないよ」「よくある！」

2歳10か月

なんでもお母さんの言うことに反抗したくなるお歳頃。「よくなくない」と言いたかったのでしょう。

さて、あるヘアサロンの広告コピーに、こんなものがあります。

「よくある髪型にしているとよくある人になっちゃいそうでそれはよくないと思うのです。」

同じことばが繰り返されていて小気味いいですが、これも「よくある」と「よくない」の対比を巧みに使った一文ですね。「よくない」は「よい」の否定なのに対し、「よくある」は「ありふれている」の意味になってしまいます。似た形なのにがらりと違った意味になっているのがミソです。

よくな
ある!

17

「おじいちゃんのあたま、やぶれてる!!」

2～3歳

姪《めい》っ子が祖父に肩車をしてもらっていたときのひとこと。ズッコケますね。

よく考えたら「ハゲる」ってほとんど髪にしか使わないから、使い勝手悪いよなぁ。その点、「やぶれる」ならもっと広いシチュエーションに使えるわけで、なかなかナイスなアイディアです。

ただ、「頭がやぶれてる」と言われると、大けがをしたと勘違いする人もいるかも。そんなわけで、「ハゲる」にはそれなりに存在意義はありそうですね。

なお、欧米では「ハゲ」はあまり笑いを誘うことばではないようです。そのため、日本のお笑い番組や面白話を聞く際、ハゲネタはあまり理解できないようです。ハゲひとつとっても、文化によってその扱いはさまざまですね。

18

「おそらがやぶれちゃったねー」

2～3歳

すぐれたレトリックは、既存の語と既存の語の、ありそうでなかった組み合わせから生まれます。1982年の西武百貨店の広告コピーとして使われた「おいしい生活。」はその好例でしょう。誰もが使うふたつの単語なのに、聞いたことがない組み合わせ。でも、言わんとすることはわかる。そこに妙があります。

「おそらがやぶれちゃったねー」に戻りましょう。前ページに続いて、こちらも「やぶれる」の見慣れない使い方ですね。ただ、バケツをひっくり返したような土砂降りの情景はありありと浮かびます。なんだか手慣れたコピーのような技巧を感じませんか？

19

「ともだちのうちにあそびにくるね」

3歳

なんだかヘンテコな文ですが、でも違和感の正体を説明しようと思うと苦労する人も多いのでは？　そう、実は「行く」と「来る」の違いは難しいんです。どちらも移動を指してはいるんですが、ポイントは「方向性」。自分から見て遠くに移動するなら「行く」、近づくなら「来る」と使い分けているんです。なので、「(自分が）ともだちの家に来る」はおかしく感じるわけです。

ところが、ややこしいことに、方言によっては使われ方がビミョーに異なります。例えば福岡の方言なら、「今からそっち来るけん」は自然な文。つまり、福岡の感覚ならこの子の発言も全然アリなのです。英語もそうですね。“I'm going.”より“I'm coming.”の方が自然です。

20

「ペペレポッパー!!!」

3歳

……いや、ペペレポッパーって何!!!???

この子はトイレットペーパーと言いたかったらしい。「パー」以外、何も合ってないじゃん!!

なんてツッコミは野暮ってもの。

本を閉じて口ずさんでみましょう。ペペレポッパー。あぁ、なんと軽快な響きか。p音の連続が、話者にえも言われぬ快感をもたらす。これは海を越えてジャスティン・ビーバー氏が感動したことで知られる、ピコ太郎さんの楽曲「ペンパイナッポーアッポーペン(PPAP)」以来の衝撃と言ってまちがいないでしょう。

21

（フタを閉じながら）

「ぼくがよるにするね」

3歳

旧約聖書の『創世記』には、神が1日目に「光あれ」と述べて世界に昼と夜を作ったとあります。「ぼくがよるにする」と言われると、なんだか創造主みたいな言い回しでカッコいいですねぇ。

親御さんは「お外が暗くなるのが夜だよ」と教えていたみたい。そのため、容器の中が暗くなる＝夜と考えたのでしょう。

このほか、遠く離れたおばあちゃんの家を思いながら「夜ってつながってるの？」（今いる場所とおばあちゃんの家はいずれも夜なのか知りたかったようです）と聞いた子のエピソードも耳にしました。子どもにとって、夜というのはなんとも不可解な現象なのでしょう。

22

「むかしむかしおじさん」

3歳

面白い表現！

ところで、なぜこの子は「むかしむかし」と繰り返したのでしょうか。どうやら子どもが反復表現を多用するのは一般的な現象のようです。「『昨日』しか過去の表現を知らなかった娘が、『きのうのきのうのきのうのきのうのずーっときのうのはなしなんだけどね』と言っていた」などの例も寄せられました。

ありえる説明としては、オノマトペからの類推です。オノマトペは、程度を強調する際に反復形を用います。「ずっと昔」より「ずっとずっと昔」の方がさかのぼっていますし、「どんどん進める」より「どんどんどんどん進める」の方が先に進めている感じがしますよね。

むかしむかし
おじさん
むかしむかしおじさん

23

（下の子の出産のとき）

「ママは海にいくんだね」

3歳

かわいぃッ、かわいぃッッ!! かわいすぎるぞッ!!!

「産みに行く」と「海に行く」。音はまったく一緒で、違うのは「うみに」のアクセントのみ。まちがえるのも仕方ないですね。

動物や植物が生きるには水が必要で、海は生命の源とも言えます。そして、小旅行に出かけるかのようなさわやかな響き。なんだか映画のワンシーンのような、オシャレないいまちがいでした。

24

「ぼくは、こどもしいよ」

3歳

「おとなしい」を、大人を表すことばだと考えたんでしょうね。語源的には正解なんですが、残念ながら「こどもしい」とは言わない。でも、「こどもしい」があったっていいじゃないか！　そう思いませんか!?

似た経緯で生まれたことばがあります。例えば「面黒い」。これは「面白い」をもじってできた語で、『東海道中膝栗毛』などでもみられます。意味としては「面白い」、あるいは「つまらない」を指したそうです。なんじゃそりゃ！

こどもしい!
おとなしい

25

（低い声でゆっくりと）
「ト・ウ・イ・チ・ロ〜」

3歳

この子のお名前はユウイチロウくん。普段は「ユウちゃん」と呼ばれており、ご両親のことは「とーちゃん」「かーちゃん」と呼んでいるようです。

ところが、ユウちゃんがいたずらをすると、ご両親は「ユ・ウ・イ・チ・ロ〜」と低い声で叱っていたみたいなんです。それを聞いたユウちゃん、こう考えました。「なるほど、〇〇イチロウというのは、人を叱るときにつくんだな」と。ユウちゃん、賢いっ！

あとはご想像の通りです。きっとお父さんが何かユウちゃんにいたずらをしたんでしょうね。あぁ、かわいすぎて涙が出そう！！！

26

「サイタマであそぼうよ！」

3歳

少し専門的な話ですが、子どもはモノの名前はただひとつだと想定してことばを学んでいます。つまり、ウサギに対して「ウサギ」以外に「モヌギ」みたいな別の名前が付いたりすることはないと思っている、ということですね。この仮定を置くと、ことばの習得は飛躍的に進みます。

ただ、これには弱点があります。例えばおじいちゃんの家に遊びに行ったときに、パパが「そろそろサイタマに帰ろうか」と言ったとすると、子どもはこう考えるでしょう。「僕のおうちはサイタマって呼ぶんだ」と。その結果、お友達を誘うときにもこう言っちゃったんでしょうね。

にほんちず

27

「セミが鳴いているね」「セミさんいたいの？」

3歳

「鳴く」と「泣く」を混同してしまったのでしょうが、これらは「生物が音を出す」という意味では仲間。違う漢字をあてるので別の語だと思いがちですが、語源も同じだと考えられています。大丈夫、キミの直感は合ってるよ！

ちなみに、最近の彼はセミの声を聴いて「やめて～」「交尾しよう」などの意図がわかるようになってきたようです。なお、近年「動物言語学」という学問ジャンルが立ち上がり、動物のことばを調べるプロジェクトが国際的に盛んになっています。ぜひそのまま動物言語学者になって、世界を騒がせてやってください。

28

“May the Force be with you.”「うちゅう語だ！」

3歳

初めて観た映画が『スター・ウォーズ』だったという、3歳の子。どうやら「地球上に日本語以外の言語は存在しない」と思い込んでいたみたいで、キャラクターたちのしゃべる言語（英語）に困惑しつつも、「宇宙の話だから宇宙語を話しているんだ」と理解したようです。

と、それだけならいいんですが、中学生の兄が英語の勉強をしているのを見て、以後数年間にわたって「兄は本当は宇宙人なんじゃないか」と疑っていたらしい。サイコーです。

STAR WARS
ENGLISH

29

「みず、いりたいです」

3歳

「みずいる～」と言う息子に「ちゃんとお願いして！」と言った結果がこれ。「いる」に「～したい」が混ざってしまっていますね。

この発言、よく考えると味わい深いです。というのも、彼は親から「いりたい」という発話を聞いたことが一度もないから。つまり子どもは、親の発言を模倣してことばを話せるようになるのではなく、限りある経験から法則を見出《みいだ》し、（ときどきまちがえながら）言語の文法をマスターしていくということです。

右のような現象は現代言語学の中心人物であるノーム・チョムスキーが大いに注目し、新たな理論を生み出す動機にもなりました。子どもの何気ない行動が、言語学の新潮流を生み出したともいえるのです。

30

「こわれたテレビ」（ラジオを指さして）

3歳

子どものころ、世界はどう見えていただろうか。ことばを覚える前は、きっと大人が思いもしないようなものごとの切り分け方をしていたことでしょう。そんな彼らの認識を追体験することはできませんが、不思議な発言はその手がかりとなります。ラジオを見たことがなければ、音は出るのに映像が映らない箱としか思えないわけで、「壊れたテレビ」に見えるのもむべなるかな、です。

もうひとつ事例を紹介します。スーツケースを引きながら歩くお姉さんを指さして、ある2歳児は「ワンワン！」と繰り返していたそうです。大人から見れば犬とスーツケースは月とすっぽんほど違いますが、ハンドルをリードと捉えれば、その見通しはぱっと開けます。

31

「おかあさんとコラボしたいよぉ！」

3歳

僕が小さいころ、どんなテレビ番組を見ていても名前が言及される、超有名人がいました。その名も「ゴランノスポンサー」。これが「ご覧のスポンサー」だと知ったのは、もう少し後になってからのことでした。

話は変わって、今の子どもの「将来なりたい職業ランキング」第1位はYouTuberみたいですね。小さいころから目に触れるメディアということもあり、YouTubeをきっかけにして知ることばもあるでしょう。その一例が「コラボ」。この子は「〜と会う」という意味だと思って、幼稚園で先生にこう言ったそうですが、誤解するのもむべなるかな。しかし、「おかあさんとコラボしたい」って、いくらなんでもかわいすぎないか。

メントール

32

「ひいばあちゃーん！しんぱくないー!?」

3歳

ひいばあちゃんは93歳。それは一大事だ！！！

結論から言うと杞憂《きゆう》でした。心拍にはまったく異常がなかったからです。ではなぜこの子は思わせぶりな発言を？

どうやら彼、こう考えたみたいです。「寒い」の否定は「寒**くない**」。「眠い」の否定は「眠**くない**」。であれば、「しんぱい(心配)」の否定は「しんぱ**くない**」に違いない！と。そう、彼は「〜い」を「〜くない」に規則的に変えたのです。

日本語の形容詞は「寒い」「眠い」に限らず、すべてが「い」で終わります。「心配」はそれにたまたま合致したわけですが、意味的にも形容詞っぽく、ややこしい。まちがえちゃう気持ちもわかるよ！

?
AED

33

「おかあさん、まずしい！」

3歳

おい、そんなこと大声で言うなよ!!!

バスで眠っていた息子さんを起こし、降りた際のひとことだったので、どうやら「まぶしい」と言いたかったみたいですね。完全に偶然でしょうが、「ビンボー」とか「お金がない」のようななじみ深い言い回しではなく、文語的な「貧しい」が出てきたのは芸術点が高いですね。

うん、いいまちがいはいいよ。ただそれ、大声で言うのはやめてあげてよ。

34

「64の前の数字を選んでね」「65なんだけどなぁ」

3歳

子どもが算数アプリで問題を解いていたときのひとコマ。正解は63なのに、何度も65と答え続けては頭を抱えていたようです。

この誤解は無理もありません。というのも、「前」が指すものはとてもあいまいで、視点次第で変わってしまうからです。「前の数」というとひとつ小さい数を指すことが多いですが、1から眺めれば、64の前は65ともいえますよね。

これは物理的な位置だけではありません。空間表現はよく時間にも転用されますが、「10年前」といえば過去です。一方、「前進する」といえば未来になりますね。こうした不思議な現象は「先」なんかでも同様で、「先の大戦」といえば過去、「先延ばし」といえば未来を指します。

61
62
63
65

35

「だってもあ〜！」（楽天モバイル！）「にほんのスマホだいはたかすぎる！」

3歳5歳

この報告、実はいっぱい寄せられました。

「いつもは泣いている子でも、米倉涼子さんが出演する楽天モバイルのCMが流れると、食い入るように眺める」

「ことばも覚えていないうちから、意味もわからず『日本のスマホ代は高すぎる』と言っている」

などなど。

子どもが注目するCMはほかにもあって、タケモトピアノのCMはその好例でしょう。僕も小さいころ、口ずさんでいた覚えがあります。

みなさんはどんなCMをマネしていましたか？

RakutenMobile

36

「車に乗る?」「のらない!」「ブーブー乗る?」「のる!」

3歳8か月

一見すると不思議な現象ですが、この子はこう思っていたのかも。

66ページでも触れましたが、子どもは基本的にモノにはひとつの名前しかつかないと考えています。そのため、車とブーブーを同じものだと認識していない可能性は十分あるでしょう。

では、彼(彼女?)はどう捉えていたのか。親御さんの談によれば、遊びのときや普段の会話では「ブーブーがいっぱいだね」などと言っていたが、駐車場や道路で危ないときは「車、危ないでしょ!」と叱っていたそうです。そこで子どもは「ブーブー=楽しいもの」、「車=危ないもの」と紐《ひも》づけて認識していた。そのため、「車に乗る?」と聞くとイヤがったのかもしれません。

37

「かぜにさそわれる〜！」

3歳ごろ

子どもは小さな詩人。型にとらわれない自由な発想が、時に思いがけない抒《じょ》情性《じょうせい》を生み出すのです。

こちらは、肌寒い日に自転車で、子どもを乗せて坂道を下った際のひとこと。向かい風の強さにきっと驚いたんでしょうね。

確かに、大人なら「誘う」をこんなふうには使いません（一部、楽曲などで使われてはいるようですが）。ところが、「かぜにさそわれる」と表現することで、風自体が生き物として意志を持っているような詩情が生まれますよね。その発想力、お見事っ!!

38

「かいじゅうのあかちゃんは『かいいち』なのかな」

3歳ごろ

小さいころ、お風呂で親と数を数えていた経験はありませんか。子どもにとって、数とは抽象的で難しい概念です。よくわからないんだけど、とりあえず復唱する。こうして数を覚えた人は少なくないはず。

こうして、この子は「いち＝もっとも小さい」「じゅう＝すごく大きい」という理解をしたのでしょう。そして「かいじゅう」もどれもすごく大きい。であれば小さいものは「かいいち」ではないか。改めて見ると、スキのない推論です。

かいじゅうのしんか
かいいち
かいろく
かいじゅう

39

「おくち」「おめめ」「おでこ」「おたま」

3歳ごろ

「おたま」ってどこ⁉　どうやら、「頭」と言いたかったみたいですね。その直前に言ったことに引きずられてしまう現象は、大人でもありますよね。「ピザって10回言って？」もその一例です。

ちなみに、言語学的に面白いのは、「め」が「おめ」ではなく「おめめ」になること。不思議じゃないですか？

ほかにも、「て」も「おて」ではなく「おてて」になりますね。ここから考えるに、どうやら3音節が好まれているようです。「じゃあなんで3音節が好まれるの？」という疑問も浮かんできますが、それを説明するには紙幅が足りません。

OTAMA

40

「『は』に点々は」↓「?」
「『ぱ』に点々は」↓「ば!」

3歳ごろ

大人からすると不思議なことこの上ない例ですが、実は言語学的には、子どもの方が正しいんです。

というのも、仮名を見ると「は」と「ぱ/ば」はなんだか関わりがあるように見えますが、発音の仕方は全く異なります。「ぱ」と「ば」は両唇を閉じて発音する仲間の音で、「ぱ」に濁点を付けたのが「ば」に当たります。

じゃあ「は」は? というと、これは唇ではなく、のどのあたりで出している音。濁点をつけて発音するのは困難な音声です。ということで、この子は言語学的に正しい反応をしていたのでした。

文字を知らない子どもの方が真実を捉えられるんですね。

か → が
さ → ざ
た → だ
ぱ → ば
は

41

「これは〝にしょく〟でかいたから、つぎは〝さんしょく〟でかくんだー」

3～4歳

1色ずつ足していくなんて不思議なアプローチだな。そう思って姪《めい》っ子ちゃんに「もっとたくさん色を使ったら?」と言うと、「だって、さんしょくしかないんだよ!」となんだか噛《か》み合わない……。

詳しく聞くと、「この絵には〝にくしょく〟と〝そうしょく〟を描いたの。でも動物には〝ざっしょく〟もいるんでしょ? 次はざっしょくも描くの。だから〝さんしょく〟なんだよ」と説明してくれました。つまり、「色」ではなく「食」を数えていたのです!

肉食・草食・雑食ということばを聞いて、これらを助数詞で数えようとするのは、実はとっても高度で、動物にはまずできない推論です。

42

「〝だれか〟がこのふうせん いいねっていってくれた！」

3～4歳

どうやら彼、目の前の見知らぬ女性に、持っていた風船を褒めてもらったようなんです。ただ、「名前を知らない初対面のお姉さん」を指す適切なことばが浮かびません。「この人」と言えばいいものですが、その表現は知らない。そこでひねり出したのが「誰か」だったんです。ああ、なんとけなげな！

ちなみに私は、会社の電話研修で先方の名前を確認しようとして、緊張のあまり「すみません、何様ですか？」と聞き、空気を凍らせた経験があります。「お名前は何ですか？」は自然なのに、「様」がつくだけで正しい言い方は「どちら様」に変わる。「日本語がややこしいのが悪い」と思いましたが、20代にもなると誰も温かい目で見守ってはくれませんでした。

43

長男「くちのなかでかぜがふいてる」
長女「おくちがれーぞーこになっちゃった」
次男「おくちにオバケいる？（涙目）」

それぞれ
３歳～４歳ごろ

ど、どんな状況!?　種明かしをすると、初めてメンソール入りのアメを食べた際の感想だそうです。

味の表現というのは、とにかく難しい！　例えば、じゃがいもってどんな味ですか？　表現しようと思うと、いいことばって意外と見当たらないんです。

そこで使えるのが比喩。ことばにできない感覚を、みんなが知ってる何かに置き換えて理解してもらおうとするわけです。

例えばエッセイストの東海林《しょうじ》さだおは、じゃがいもを食べた際の口のホクホクした感じを「口の中のすき間に、突然空ができて、そこにほんの少し風が吹きわたったような」と書いています。……あれ、長男くんの表現とそっくり！

44

「くびしまり」

4歳

アクセサリに興味津々な娘さん。おもちゃのネックレスを買ってあげた際にこう言ってたんですって。

ところで問題です。「迫《せ》り持ち」といえば、何のことかわかりますか？　これは「アーチ」を指すやまとことばです。

続いて「ぶん回し」はどうでしょう。なんだか乱暴そうですが、これはコンパスを指すやまとことばですね。「迫り持ち」「ぶん回し」、そして「くびしまり」。こう並べてみると「くびしまり」も伝統あることばに見えてきませんか？

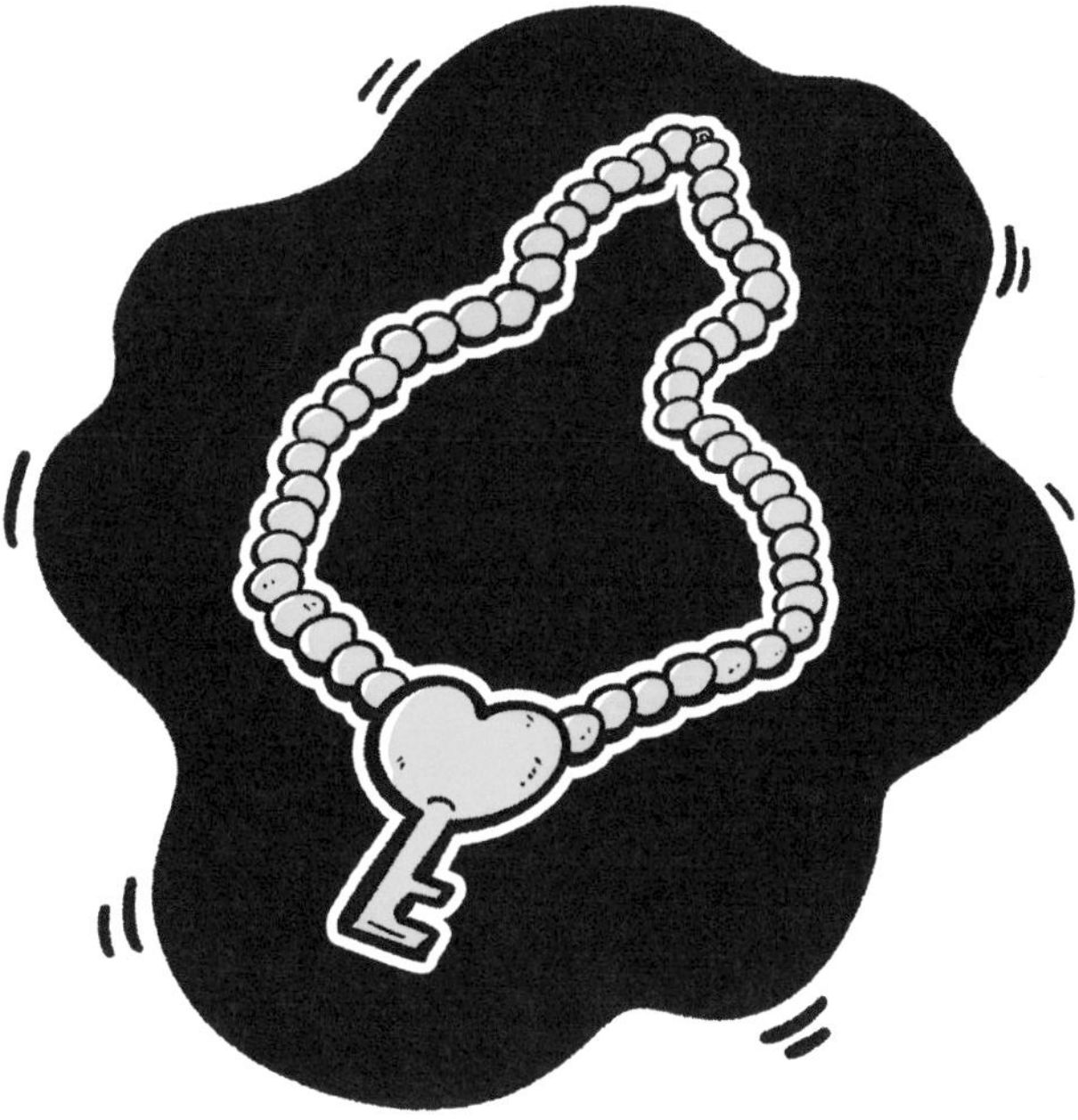

45

「おぼえてるよ。あかちゃんのおへやにおいてきた」

4歳

えっ、胎児の記憶があるの……？　ちょっとびっくりしてしまいました。

こちらの発言は、お母さんが「君も赤ちゃんのころ、おっぱいを飲んでたんだよ。覚えてる？」と聞いたときのもの。胎児のころの話ではなく、母乳を卒業したことを彼なりに表現しようとした結果みたいでした。

ただ、それを「部屋」と例えた理由はじっくりと聞いてみたいですね。今回は経験といった抽象的なことがらを、部屋という物理的なものに例えたわけですが、こうした比喩こそが言語の本質を反映しているんだ、と考えた研究者もいたからです。こうしたアプローチは「認知言語学」と呼ばれ、１９８０年代以降、研究が進んでいます。

Pants

46

「今日は麺が切れていまして……」
「ぼく、めんがきれててもいい！みじかくてもいい！」

4歳

中華料理屋さんで揚げ焼きそばを食べたがった際のエピソードだそうです。「切れる」の多義性が悪さをしていますね。『新明解国語辞典 第八版』によれば、意味は大きく分けても5つあります。皆さん、どれだけ浮かびますか？

①「切った状態になる」②「たくわえていた物が売りきってなくなる」のほか、③「なんでもよく処理できる（→頭が切れる）」④「自制心がきかなくなり、見境ない行動に出る（→すぐにキレる人）」⑤「(「動詞の連用形＋きれる」の形で）十分にそうすることができる（→数えきれない）」があります。「切る」からイメージされる動作や状態から遠く離れた意味もあるので、とっても難しいですね。

メニュー

47

「旅行に行くの楽しみだね！」（ホテルに着いたとき）「で、りょこうってどこなの？」

4歳

なるほど、そう来たか！　この子は「旅行」ということばを知らなかったのでしょうね。「旅行に／へ行く」という形でばかり聞いていたもんだから、どこかに「旅行」という場所があると推測したわけです。

こうした意味の取り違えは子どもの専売特許ではありません。僕はついちょっと前まで、「青菜」という野菜があるのだと勘違いしていました。「青菜炒め」という形でよく見かけますが、ほかの「○○炒め」は「空心菜炒め」「豆苗《とうみょう》炒め」など、種の名前が入りますからね。

え？　それは常識がなさすぎるって？　いいえ、断じて違います。僕の誤解はお利口さんならではのクレバーな推論です。

BEER
MAP

48

「何か習いたいことがある？」「木につぎおちるはっぱはどれかをならいたい」

4歳

予想の斜め上すぎる回答!!　どの葉が落ちてくるかなんて、大人になると気にもなりませんが、こういう素朴な感性はステキですね。

ただ、せっかくなので会話がすれ違った原因を考えてみましょう。「習う」には「教えられた通り練習して、やり方を覚える」のほかに、単に「教わる」だけを指すケースもあります。お母さんは習いごと、つまり前者の意味で聞いたのですが、娘さんは後者で解釈したのですね。

ことばはあいまいで、苦しめられるのは大人も一緒。例えば「適当に処理しておいて」は、「適切に」と「いいかげんに」というまったく異なるふたつの解釈ができますよね。

このへん

49

「そろそろ潮が満ちてきたから、帰ろうか？」「ぼくもみちてきた」

4歳

「満足してくれたのかな」と誇らしげにしていたお母さん。ところが彼の表情は苦悶《くもん》に満ちています。よくよく聞くと、どうやら彼、おしっこが漏れそうだったんですって。要は自分の膀胱《ぼうこう》を潮に例えて「満ちる」と表現したのだと。

必死に海の家までダッシュして事なきを得たようですが、なんかカッコいい表現ですね。これからは僕もビールを飲みすぎて漏れそうなときは、神妙な顔で「満ちてきた」と言うようにします。

50

「大きくなったら何になる？」
「まいごになる」

4歳

サッパリわからない受け答えですね。しかしここまで読んできた方ならわかるはず。きっとこの子には、何かしら意図や考えがあってそう言っているはずです。

真相はこうでした。この子は外出時によく「チョロチョロしてるといつか迷子になるよ！」と親に注意されていたみたいなんですね。それを誤解して、「歩き回っていると、大きくなった時に迷子になってしまう」と解釈したのでは、と。なるほど〜！

51

「正直に言って!」と叱ったら……

4歳

ウソをついた娘さんに対し、こう叱ったお母さん。緊張感の走る雰囲気の中、娘さんがとった驚きの行動とは——。

てくてくとその場を歩き去ると、あさっての方向に向かって「ごめんなさい」。その先をよ〜く見てみると、掃除機が……。お母さんは笑いをこらえるのに必死で、とても怒るような気にはならなくなったとさ。

ちなみに。「そ」と「しょ」の音は物理的にもよく似ていて、このふたつを区別しない言語も存在します。

52

「またよごれたラーメンたべにこようね」

4歳

これはこってりラーメンでおなじみ「天下一品」での帰り際のひとこと。ドロドロしたスープを表現したくて、どうにか持ち合わせのことばで工夫した結果です。きっと親御さんは、店員さんに聞こえてないかヒヤヒヤしたはず……。

ところで、ものの状態や性質を示すことばの習得は名詞に比べてやっかいです。「高い」を例にとると、これは特定のモノを指しているのではなく、あるモノの性質を指していますよね。あるときは人を指して使われるし、あるときは建物を指して使われる。それから、「小さいゾウ」は「大きいネズミ」と比べたら、とてつもなく大きいですよね。こういった実態は、子どもにとってはやっかいです。

天下一品
ラーメン

53

「ぜひお電話ください!」「でんわもってないの?」

4歳

「ください」には意味がふたつあります。「与えてくれ」と「(ある動作を)してくれ」。「電話してください」であれば後者の意味に確定しますが、「電話ください」だとどちらにも取れます。この場合、文脈で判断するほかありません。

ちなみに、ものの受け渡しを表すことばは、転用されることが多々あります。「ちょうだい」だって「ください」と同様に、人に頼むときに使えますね。それから「あげる」「もらう」「くれる」も、それぞれ「してあげる」「してもらう」「してくれる」のように使えます。

これらの単語がなぜ別の用法を持つのかも、ことばの研究における大きな謎のひとつです。

メーカー希望
9,800-
0120-39-XXXX

54

「きょう、ようちえんでゴリラをうえたよ！」

4歳

ゴリラを植える……とは？　お母さんがポカンとしていた矢先、この子のお兄さん（小学1年生）が口を開きます。「あー、パンジーね」。

ことの真相はこうでした。弟くんは幼稚園でパンジーという花を知り、「なんとなくチンパンジーみたいな名前ね」と覚えます。ところが、家に帰った際に思い出せなくなり、「なんか大きいサルみたいな名前だった！」と絞り出した結果、惜しくもサル違いに。

笑っちゃう話ですが、人はある単語を聞くと、脳内では関連する単語も活性化され、思い浮かぶようです。例えば「青」と聞くと空や海が浮かぶ、とか。

……それはさておき、お兄さん鋭すぎません？

ごりら

55

「あのおハゲ、なんでわけわからないことをいってるの？」

4歳

おばあちゃんの葬式で、お坊さんがお経をあげていたときのひとこまです。おごそかな雰囲気の中こんなことを言われて、笑わないなんてムリ!!

「お坊さん」ということばを知らないなりに、なんとか失礼のないように「お」を付けた彼女。また、お経についても単に知りたかったんでしょう。その配慮や好奇心はすばらしいことです。ただ、そうした気持ちのすべてが、いっそう面白さを引き立てています。

ちなみにこの問いに対し「おばあちゃんの魂が天国に行けるようにしてるんだよ」と答えると、「魂には足が何本ついてるの？」と聞いてきたそう。足のない幽霊からの連想なんですかね。

南無阿弥陀仏…南無阿弥陀仏…

56

「ヒミツのライバル」

4歳

この意味深なことば。「わたしも、ヒミツのライバルが見たい!」とのこと。意味がわからなかったので詳しく聞いてみると、『鬼滅の刃』と言いたかったことが判明。

当時、おうちでアニメを子どもに見せていなかったそうなのですが、保育所ではすでにはやっていたようで、周りのお友だちの言う「きめつのやいば」という聞き覚えのない音を、なんとか知ってる単語に当てはめたみたいです。

音の響きも似てますし、アクセントの位置なんかもバッチリですね。ナイスチャレンジ!

57

「おなかにいっぱいしゃっくりはいってた」

4歳

長く続いたしゃっくりがようやく止まってくれたようです。子どもらしい素朴な人体観でいいですね〜。原因もよくわからないし、急に収まるしね。怖いよね。

大人であればしゃっくりは横隔膜のけいれんだと知っていますが、そういう知識がなければ、げっぷのように内臓にたまったものが出て行っていると捉えるのは自然かもしれません。

余談ですが、英語でしゃっくりは「hiccough（ヒカップ）」と言います。この語はしゃっくりの「ヒック！」という音を模してできたそうです。

ひっく
ひっく
ひっく
ひっく
ひっく
ひっく
ひっく
ひっく
ひっく
ひっく

58

「おなかのなかがはるになった」

4歳

温かい食べものを食べたときのひとこと。もうこれ、肉まんとかおでんのコピーに使えませんか？

食べものの味の表現に季節を用いるのは、文筆家でもよく見られます。例えば玉村豊男《たまむらとよお》の『軽井沢うまいもの暮らし』には、ふきのとうに対して「包丁で刻むと、パッと鮮やかな春の香りが広がる」とありますし、嵐山光三郎《あらしやまこうざぶろう》は著作で朧豆腐《おぼろどうふ》を「さながら春の朧のような味を楽しむ料理」と評しています。

ただ、味を春に例えるのではなく、食べたお腹《なか》の感じを「春になった」と表現するのは、方向性が少し異なりますね。優劣をつけるわけではなく、どちらにもそれぞれのよさがあります。

59

「トラがふってるよ」

4歳ごろ

トラじゃなくてヒョウね。えらい違いだよ!!

とはいえ、動物のヒョウと天気のヒョウは全く同じ音、同じアクセントです。豹《ひょう》と雹《ひょう》なんて漢字は当然知りませんから、「ヒョウってのは動物のことを指すときと、お天気のことを指すふたつの使われ方があって、ヒョウに似たトラも近い意味を表すのかも?」と思って使った可能性だって捨てきれない。いずれにせよ、彼女なりにあれこれ考えた末の発言であることには変わりないですね。

ちなみに、トラではないものの、魚やカエルが空から降ってきた現象は世界中で報告されています。

60

「ブドウ買いに行ってくる」「Tシャツでぶとう会にいくの!?」

5歳

この子はおばさんに「ドレスを着て行った方がいいよ!」と強く勧めたそうです。確かに白Tシャツにジーンズで舞踏会に行ったら相当浮くよねぇ。きっと『シンデレラ』などを読んで知った知識がこの解釈を促したんでしょう。大丈夫、キミは何もまちがえてないよ。

少し話は逸《そ》れますが、「場面に応じて適切な服装がある」ということを理解しているのも、実はスゴいことじゃないですか? 子どもは言語だけを学べばいいわけでなく、生まれ落ちた国・地域の文化も一生懸命学んでいます。

ちなみに、コスチューム(costume)の由来は慣習(custom)と大いに関係があります。

シンデレラ
I
NY

61

「ぜんしゅうちゅう、虫のいき！」

5歳

いやそれ死にかけてるって!!

『鬼滅の刃』の胡蝶《こちょう》しのぶさんが使うのは「蟲《むし》の呼吸《こきゅう》」です。「呼吸」と「息」の意味はほとんど同じなのに、この文脈でそれらを入れ替えると意味がまるっきり違ってくる。ことわざや故事成語といった決まり文句だと、単語を入れ替えては成立しなくなるわけですね。

ことわざは日本特有の文化ではなく、世界各地に見られます。中には、日本人からすると「なんで!?」と首をひねるものもしばしば。アラビアでは、付き合う友人に影響されることを「池の中で夜を過ごせばカエルのいとこになって目覚める」と言うらしいです。すごい表現！

62

「センチおおきくなったでしょ！」

5歳

「背が大きくなったね」と言うおじいちゃんおばあちゃんに対して、誇らしげにこう言ったようです。単位のことばはほんとうに難しいですね。というのも、こういう使い方がOKな単位もあるからです。思いつきますか？

答えは「ギガ」。ほら、「ギガが減る」とか「ギガがなくなる」と言いませんか？　これは「ギガバイト」の一部をとったことばで、データの大きさを示す単位でした。ところが今ではそうした背景が意識されずに用いられています。え、今どきのことばづかいは乱れているって？　でも、こんな表現も聞いたことありませんか？　――馬力が出る。

言うまでもなく、「馬力」も単位のことばです。

63

「あしたはハッピーちゅーいほうがでるといいね」

5歳

波浪注意報を「ハロー注意報」と勘違いする例は枚挙にいとまがないですが、上回ってきた！　そんな注意報が出るほどハッピーに埋め尽くされる日がいつか来てほしいものですね。

ほかの鉄板ネタでいうと、台風一家（↑台風一過）や透明高速（↑東名高速）、お食事券（↑汚職事件）なんかもよく聞きますね。これらのほとんどはニュース番組で耳にする類の単語ですが、報道では子どもがまず耳にしないような難しいことばも出てくるので、つい知ってる単語に置き換えてしまうのですね。

ちなみに漢字好きだった僕は、ニュースで常用外の漢字が出るたびに興奮するような小学生でした。「冤罪《えんざい》」「幇助《ほうじょ》」とかね。

今年一番ハッピー!
ハッピー
注意報!

64

「トリとかトラは3の意味なんや。トリケラトプスのツノは3本やろ」「ね、うし、トラ……」

5歳

どうしても日本語が浮かんじゃいますよね〜。わかるよその気持ち。

お父さんが期待していたのは、きっとトライアングル（三角形）とかトライアスロン（水泳・自転車ロードレース・長距離走の3種目からなる競技）なんでしょうね。このあたりはいずれもトリケラトプスの「トリ」と語源は同じで、大元をたどるとラテン語で3を意味するtrēsに行きつきます。

ちなみに、2はラテン語でduo。ダブル（2倍の）、デュエット（二重唱）、デュエル（［二者間の］争い）などがここから生まれています。

65

「たくさん〝てんねんきねんぶつ〟があったから、きょうは〝てんねんきねんび〟だね！」

5歳

テレビで「天然記念物」ということばを知り、「どうやら木とか草花みたいな自然物を指すみたいだ」と考えた彼。親戚と一緒に旅行した際に多用し、「難しいことばを知ってるね」と褒められてニンマリ。その帰り、新幹線の降り際にこのひとことが飛び出すと、一同は大笑いののちにほっこりしたようです。「天然記念物」の意味を推測する利口さもさることながら、「〜記念日」という既存のことばと結び付けて新語を生み出すその創造性には舌を巻くほかありません。

わたしが主役!
てんねんきねんび

66

（筑前煮《ちくぜんに》のにんじんを食べて）

「しぜんをかんじるんだよぉ〜」

5歳

食レポの天才が現れました。鋭敏な味覚と、それをことばで表す感性を兼ね備えていますね！

純粋に味の表現をする単語というのはそう多くなく、そのため食べ物の感想はしばしば何かに例えられます。その極致がワインソムリエで、注目すべきはその独自語彙。例えば「チョークのような香り」などはネガティブなニュアンスなく使われます。驚くべきことに、「猫のおしっこの香り」なんて表現も！

ちなみに、英語でも「自然を感じる味」に似た表現はあります。earth（地球）からできたearthyは「味や香りが大地や森を彷彿《ほうふつ》とさせる」といった意味で、主にワインやビールに対して使われます。

67

娘「ありんこは男の子、女の子だとありんめだね」

5歳5か月

いったいどういうこと？　そのヒントはこのページの中にあります。よーく見てみてくださいね。

答えは「娘」。この反対は「息子」ですが、ひらがなに直すと「むすこ⇕むすめ」と対応関係になっています。この対立は「おとこ⇕おとめ」、「ひこ（彦。美しい男の子）⇕ひめ」などにも見られます。おそらくこの子はこうしたことばを覚えたからこそ、ありの女の子を「ありんめ」と呼んだのでしょう。

なお、言語によっては名詞に性別があるものも。例えばイタリア語なら、語尾がoなら男性名詞、aなら女性名詞です。単語の語尾で性を区別する……「ありんこ／ありんめ」の発想は、実は遠い国の言語の文法に似ているんです。

68

「お母さーん、岡本まりえから でんわー」「お米のマルエーやないの！」

5歳ごろ

どんな取り違えだよ！！！！　寄せられた聞きまちがいの中でも、トップクラスにズッコケました。

「岡本まりえなんて知り合いいたっけ……？」といぶかりながら、慌てて電話に出たお母さん。なじみのお米屋さん「お米のマルエー」からの電話だとわかって、家族は大爆笑に包まれたそうです。めでたしめでたし。

なお、ご家庭ではこの話が伝説として語り継がれているらしい。生涯に一度でもこんなメガトン級のいいまちがいを聞けたら、死ぬまで語り継ぐでしょうね。

マルエーやないの！
お米のマルエー

69

「えいごでじぶんのこと マヨネーズっていうんだよ」

幼稚園のころ

ちょっと面白いですけどね、その自己紹介。“My name is…”が「マヨネーズ」に聞こえたんでしょう。

ここで考えたいのは、『マイネームイズ』という発音が正しいのか」です。ネイティブの発音を聞くと、こんなに長ったらしく言ってないように思えます。

ここで使えるのが、音節という概念。これはひとまとまりとして意識される音の単位で、大雑把にいえば母音ひとつにつきひとつとカウントします。

さて“My name is…”を考えると、音節数は3つ。一方、「マヨネーズ」は4、「マイネームイズ」では6となります。つまり、音節という観点から見れば、子どもの方がいい耳を持っているともいえるわけです。

My name is Kenta
ケンタ

70

広告「天然ブリ」

「てんねんってバカなことでしょ?」

幼稚園のころ

この子こそ天然⁉ いえいえ、そんなことはありません。
きっと彼女は「天然キャラ」「天然ボケ」みたいなことばを聞いて、自分なりに意味を推測したのでしょうね。僕らからすると、養殖の対義語としての天然がまず浮かびますが、幼稚園児が聞く機会はなかなかないはず。そうしたわずかな例から「バカ」という意味を導き出したのは、名探偵ばりのすごい推理力なのです。

産地
直送
新鮮
天然ブリ

71

「区切って言えばいいよ」「きょうはくぎぼくはくぎこうえんで……」

6歳

子どもは大人の会話を聞いてことばを覚えます。その際、実は「が」や「は」、「を」などの語を手がかりとして利用していることがわかっていることは、42ページでも説明しました。

「って」も便利なヒントです。「これはイヌって言うのよ」などの例を聞いて、子どもは仮説を立てます。「って」の前に来るのも、モノの名前なんだ！と。

こちらの少年は、文のどこに読点「、」を打てばいいのかわからず、お父さんに尋ねたそうです。お父さんはこう答えました。「ところどころで区切って言って、そこに打てばいいよ」

今日
くぎ
公園でね!

72

「たいらな歌うたって」

（歌を聞いて）

「ちょっとくにゃくにゃな歌だね」

6歳

ことばとことばには、相性があります。例えばとっても苦いコーヒーを「濃い」とは言いますが、「強い」などとは言いません。別に言ってもよさそうですが、言わないのは単に「コーヒー」と「強い」の相性が悪いからです（なお、英語ではstrong coffeeと言います）。

さて、この子は抑揚の少ない歌というニュアンスで「たいらな歌」と言ったわけですが、まさに「伝わるけどそう言わない」事例です。例えば音の高さが急に下がるところがないアクセントは「平板アクセント」と呼びますし、音の物理的な波形も抑揚がなければ平らになりますから、着眼点はとっても鋭い！「たいらな歌」「くにゃくにゃな歌」が辞書に載る日が来てほしいものです。

73

「がっこうでまんぷくよことびした」

6歳

たぶん吐きますね。そんなことしたら。給食後に体力測定があったのかしら。こういった、既存の語に引きずられるいいまちがいがたくさん寄せられました。せっかくなので、ほかにもいくつか傑作を紹介します。

・なつのおとしごろ（夏のお年頃）↑タツノオトシゴ（3歳）
・なかよしせんせい（仲良し先生）↑又吉先生（5歳）
次の例なんて、もはや正解にしちゃってもいい（？）エピソードです。
・ふるえるわかめ（震えるわかめ）↑ふえるわかめ（6歳）
・たまごのかわ（卵の皮）↑卵の殻（2歳）
・トランプだいおう（トランプ大王）↑トランプ大統領（4歳）

74

「今日は給食なに食べた?」「ワイルドキャベツ! あとメタリックライス」

6歳

うん、ボイルドキャベツとターメリックライスですね。メタリックライスなんか食ったら、歯折れるって!

とはいえ、「ターメリック」のメタリック感はなんとなくわかります。だからこそ推測できたわけだし。

昔から思ってたけど、「ビーフストロガノフ」のラスボス感ってスゴいですよね。あっ、わかってくれますか? ですよね〜。

それでいうと、「デュラムセモリナ」(パスタによく使われる小麦粉の一種)のトリッキーな敵感、ハンパなくないですか? なんか魔術を使って主人公を翻弄してきそう。

牛乳…

75

弟「この『ニュー』ってなに？」

兄「新しいってことやん。『にゅうがくしき』っていうやろ！」

5歳
6歳

おもちゃ店での兄弟の会話です。なるほどなぁ！

もちろん、音と意味が少し似ているだけで、実際には無関係な語です。ただ、こんな推測をしたこのお兄さんは、やはり天才と言うべきでしょう。

なお、この逆で、外来語と意外なつながりを持っている日本語というのもあります。例えば「ジャガイモ」と「ジャカルタ」、「カボチャ」と「カンボジア」なんかはその一例ですね。もっと意外なもので言うと、臓器提供者を指す英語「ドナー」は、もとをたどると夫を指す日本語「旦那」と語源的なかかわりがあります。

ニュー学式
○○小学校

76

「お口のなかでおどってる」

6歳ごろ

なるほど、そう来たか……！　この発想力には参りました。

こちらは炭酸ジュースを初めて飲んだときのひとこと。子どもにとって炭酸飲料を口にする体験は相当に衝撃的なようで、似たエピソードはほかにもあります。

ある子は「僕、これ飲むとビビッちゃう」と言ったそうです。「ビリビリ」と「ビビる」を混同しているのかもしれませんが、面白い言い回しですね。

僕も小学生のころにコーラを飲んだ際、衝撃を受けた覚えがあります。ただその驚きを表現する力を持ち合わせていなかったので、脱帽しました。

COLA

77

「5年生だったら小5ぜんそくなのかな」

7歳

子どもがことばを学ぶ際、数は手がかりとして相当に便利です。例えば「にこ」「にほん」といった音を聞くと、「『に』という共通のパーツがあるぞ?」と推測するわけですね。これが数を表すことを知るのはもう少し後でしょうが、とにかく重要なのは、子どもは「に」と聞くと、「もしかしてここは別の数に置き換えても成立する表現なのかも?」という仮説を立てている、ということです。「小児喘息《しょうにぜんそく》」を「小2喘息」と解釈するのは、きわめて自然です。

「それくらい誰でもできるでしょ」と思ったあなた、後ほどアフリカで話されてるハウサ語の音声データを送りつけますので、それを聞いて数詞を識別してもらいましょうか。

小2
ぜんそく
小3ぜんそく
中2ぜんそく
高3
ぜんそく

78

「これ、カモメ？」

7歳ごろ

実際に食べてたのはツナだったようなのですが、なぜ急にカモメが⁉ どうやらこの子、ツナのことをシーチキンと呼ぶことはわかっていたようで、シーチキンを「海のとり肉」と解釈したようなんです。そこで浮かんだ海の鳥がカモメだった、というわけ。

単語と単語が組み合わさってできた語を複合語と呼びます。ややこしいのは、構成要素の意味がわかったからといって複合語の意味がわかるとは限らないということ。例えば英語でblackbirdは単に黒い鳥なのではなく、スズメ目の特定の種を指しています。

ちなみに「シーチキン」ははごろもフーズの登録商標で、一般名はツナです。

シーチキン
シーチキン
マイルド

79

（動物と植物の違い）

「どうぶつは生まれるけど、しょくぶつは生える！」

8歳

一本取られた!! こんな返しが瞬時に思いつくなんて、お利口にもほどがありますね。よくよく考えれば「発生する」という似た現象に対して、動物と植物でそれぞれ違う動詞を用意しているなんて、日本語というのは面白いことばですね。

さて、「生」は「はえる」とも「うまれる」とも読みますが、その読みの多さは他の追随を許しません。例を挙げると「生《い》きる」「生《お》う」「生《なま》卵」「生《き》そば」「鈴生《な》り」……。音読みも含めると「生《せい》命」「平生《ぜい》」「出生《しょう》率」「誕生《じょう》」などなど。数え方にもよりますが、読み方は100種を超えるという説も。こうして見ると、こんなことばが使いこなせていることが不思議に思えてきますね。

うまれる【生まれる】

はえる【生える】

80

「うまいって、おいしいってなに?」「もうひと口食べたくなる味ってこと」

2歳半
9歳

2歳の弟に、突然とても難しい質問をされたお姉ちゃん。この機転、この瞬発力。見習いたいものです。僕が聞かれたら「甘かったり、味付けが上手だったり……そういう味だよ」などとしどろもどろになってしまいそうです。

なお、辞書にも「うまい」は「味が好ましいので、もっと(また機会を見つけて)飲み食いしたい感じだ」(『新明解国語辞典 第八版』)とあり、ドンピシャの説明であることも確認できます。

ちなみに、彼は人気マンガ『鬼滅の刃』の登場人物がご飯を食べながら「うまい! うまい!」と言うシーンを見て、「うまい」はご飯を食べるときの掛け声だと長らく思っていたようです。

つまみぐいきんし

あとがき

子どものいいまちがいには、ことばの本質が詰まっている。

まえがきに記したその真意がわかっていただけましたか？　「ともだちのうちにあそびにくるね」（52ページ）には、「行く」「来る」の難しさが潜んでいました。「『ぱ』に点々は」→「ば！」」（94ページ）からは、日本語の五十音表の理不尽さを知ることができました。

もっと言えば、ことばだけでなく、「ゴリラをうえたよ」（122ページ）のように、記憶のメカニズムのような認知能力なんかも映し出しているかもしれません。

ところで、僕は普段、「ゆる言語学ラジオ」というYouTube、Podcast番組で、ことばに関する面白い研究を紹介しています。

本書のコンセプトにもなった、子どもの不思議な発言を取り上げて考察する回もいくつか公開されており、本書に掲載したエピソードはすべて視聴者のみなさんから寄せられたものです。今回取り上げた投稿者のお名前は181ページに掲載しました。改めてお礼申し上げます。


さて、この活動を続けるにあたって、日々自問自答していることがあります。それは、研究のフリーライド（ただ乗り）になっていないかということです。ゆる言語学ラジオで出典としている書籍や論文には、そのほとんどが研究者の方々が血のにじむような思いをして考えたり議論したり、はたまた実験したりして辿《たど》り着いた知見が書かれています。その面白い部分だけを抜き取って、単純化して話すことは、研究のフリーライドになりかねません。

もちろん、出典ははっきり明記し、参考にした本などは紹介するように心がけているのですが、それだけでアカデミアへの恩返しができているのかというと、甚だ疑問でした。

そんな中、ある日、本書に解説を寄せてくださった今井むつみ先生に「視聴者から寄せられた、子どもの不思議な発言のデータが大量にある」とお話ししたところ、「それは宝の山だ。ぜひ見せてほしい」と言われたのです。すぐにデータをお送りすると、興奮気味のメールがすぐに返ってきました。「どの投稿も非常に面白い。講演や著作でぜひ使いたい」

現在、このデータはお問い合わせいただいた研究者に公開しており、言語学者だけでなく、認知科学者、それから小児看護学の先生にもお役立ていただいています。

自分自身は研究者でもなければ、学術的な貢献ができるわけでもない。でも、こうして集めたデータを研究者に還元することで、少しはアカデミアへ寄与できているのかも、と思ったのでした。

ということで、もし提供できるエピソードをお持ちの方がいたら、ぜひ次ページのフォームよりお寄せください。あなたの投稿が番組で読み上げられたり、研究者への貢献になるかも？

また、このデータを閲覧したい研究者さんも、お気軽にお問い合わせください。

▲投稿フォーム

最後に。これまでは「いいまちがい」ということばを使ってきました。ところが、こう表現することで取りこぼすものも多いと思いませんか？「大人のことばづかい」を正解としてしまえば、「おすしのさんぽ」（22ページ）のような玄人はだしのメタファーや、「みず、いりたいです」（72ページ）のような鋭い推論は間違いということになってしまいます。

でも、こうした珍発言こそが、子どもがことばをあっという間に習得するための知性の源になっていることは、これまで見てきたとおりです。

今後は子どもが妙な発言をしたら、その自由な表現能力をのびのびと観察したり、本書のようにじっくり観賞したりするのがオススメです。知り合いの言語学者は子どもの興味深い発言は常にメモしており、正すことさえせず放っておいていると言っていました。

ことばは一度習得してしまうと、その不思議さや奥深い仕組みについて改めて考え直す機会はなかなかありません。

子どもの天真爛漫《てんしんらんまん》な発言が、私たちが使いこなしている日本語の新たな側面と出会い直すいいきっかけになることを願います。

2024年5月　水野太貴

素敵な「いいまちがい作品」を投稿してくださったみなさま

（掲載順、敬称略。本名の可能性がある方はイニシャルにさせていただきました）

あさりん
さひこ
えむくれ
あひるのしっぽ
きくてん
ばななさかな
虹の父
鮎
えまこた
ソモソモロン
ことつき
ひなてこ
いちこ
ゆきとんまん
アヒル太朗
だいこんちゃん
まよ彦
トラマナ
キャベツ
ゆーきーの浜風
カズーイ
Y・T
O・K
素・シュール
てっけん
だいだいとみどり
rina
おやゆび
タイタイ
かび
ゆきちゃんと仲良し
文系嫁
今はお婆ちゃん
エスカレートする
ドしろーとパパス
プリン導体
与太郎
気のきいた名前が
思い浮かばない
中部ブロック
ちみ
げんじろう
またきち
ろん
奪衣婆
たきたん
背番号 26
焼きそば弁当バゴーン
U5
あひるのしっぽ
水草のかれっくす
馬面の馬ちゃんが
大人の女性になったら
ななつのこ
Y・Y
ほのか
まっこ
ヘヤノスミス
スタッフのみうらくん
むし
H・K
イタリアでは
トマト派でありたい
春雨アルデンテ
お人好しカメレオン
さんびーむ
接骨木の杖
もやし
やっぱり
ユッケじゃないジャン
エスパーつよし
もずく
ぽちょ
やすべえ
抹茶アイス
ソシュール
楓と椛
プリン導体
つるちゃん
かおり
湯豆腐
車輪の壊れた移動式海門
まっきぃ
まめっち
かわの

笑いと洞察の瞬間
言語の本質的な特徴と人間の思考のしかた

今井むつみ（慶應義塾大学環境情報学部教授）

小さな子どものいいまちがいは私たち大人に何を与えてくれるのか？

聴いた大人の気持ちをオノマトペで表すと……

ガハハ、ブッ（大爆笑）、クスッ、ニッコリ、ホッコリ、キュンキュン……

自分もこういう思い違いをしていたな〜という共感とノスタルジー。

こういうおバカなまちがいをしなくなった自分は成長したな〜という感慨。

この本は、確実に私たちを幸せな気持ちにしてくれる本です。

大人の社会では争いが絶えません。政治の場でも、会社でも、どんな組織でも、必ずといってよいほど、大なり小なりの軋轢《あつれき》があり、争いごとがあります。**争っている人たちにこの本をプレゼントしてあげてください。きっと世界から争いがなくなりますよ。**というのは、言い過ぎですが、そうなってほしいと心から願っています。

でも、この本の真価はそれだけではありません。この本は、私たち大人に、「言語とはどういうものか」、そして「言語を学び、使いこなすために人間はどういう能力を持っているか」という大問題を考える手がかりを与えてくれるのです。

「ゆる言語学ラジオ」では、２０２２年から「赤ちゃんズミステイクアワード」という不定期コーナーで、愉快で示唆に富む子どもの「いいまちがい」の募集をしています。現在１２００件を超す投稿をいただいているそうです。言語発達や人間の学び、思考のクセなどを研究する私の眼《め》からみると、どれも、素晴らしい「作品」で、この「いいまちがい集」は宝の山です。集められた作品たちから、ほんとうにたくさんのことを教えていただきました。拙著『言語の本質』（中公新書、秋田喜美《あきたきみ》さんとの共著）にも、随所に論を展開するためのデータとして使わせていただきました。「作品」をご提供くださったみなさまと、これらの貴重なデータを私たち研究者に公開してくださっている「ゆる言語学ラジオ」の水野太貴《みずのだいき》さん、堀元見《ほりもとけん》さんには、改めてこの場でお礼を言わせてください。

たくさんの応募作品の中から、水野さんが80のエピソードを厳選し、それぞれに、楽しい、そして奥深いコメントを書かれています。私は、本書の巻末に「解説文」を書くように仰せつかったので、水野さんのコメントよりも一段「メタ」な視点で、全作品を通して、子どもたちの愉快ないいまちがいたちが私たちに何を教えてくれるのかを書いてみようと思います。本書を手にお取りくださった方々、私にも、ちょっとだけおつきあいくださいませ。

ことばはシーンを表すのではない

1歳、2歳台のいいまちがいで特に多いのは、ことばを特定の状況に結びつけてしまうこと。例えば、お墓参りで「ハッピバースデー」と言った子ども（20ページ）。この子は、「ハッピバースデー」ということばは「ろうそくがある場所で使うことば」と思ったのでしょう。人差し指のことを「1」と思った子どももいました（36ページ）。大人は「1」を言うときに、たしかに人差し指を立てます。「1」は人差し指のことだと思うのは、まったく無理のないことです。

ロケットが切り離されたときのテレビ中継を見て、「うちゅうがとれちゃったー!」と言った子どももいます（34ページ）。ロケットといっしょに「うちゅう」ということばを聞いていたから、「宇宙」はロケットのことだと思ったのですね。

このように、ある状況で、知らないことばを聞いた時、そのことばが何を指しているのかは、すぐにわかることではありません。これは「ガヴァガイ問題」として知られています。言葉が通じない土地で現地の人が、野原を横切ったウサギのほうを指さし、「ガヴァガイ」と言ったとき「ガヴァガイ」は何を意味するか？ 多くの人は「ウサギ」と答えるでしょう。しかし、「耳の長い動物」という意味かもしれないし、「食べ物だ！」かもしれない。ありとあらゆる可能性があるのです。その中で、私たち大人が「ガヴァガイ」を「ウサギのことだ」とすぐに思ってしまうこと自体が、不思議なことです。私たちは論理的に可能なありとあらゆる意味を吟味したりしない。最初から「〇〇」は「△△」を指す、と決めてかかっています。それは、私たち大人が、「ことばというのはこういう概念を指す。こういう概念は指さない」ということを無意識に知っているからなのです。

しかし、小さい子どもは、まだそのような思い込みをもちません。ことばをおぼえるということは、そのことばが言われた状況で、それが指し示す対象を切り取るところから始まります。**ことば（単語）は、状況そのものをベタっと指し示すことはありません。特定の基準で世界を切り取り、その対象のカテゴリーを名づけます。**事物を表す名詞はモノのカテゴリーを切り取ります。その時、ことばで指示されるモノは、異なる状況で現れても、異なる動作の中で使われても、同じ名前で言い表されます。

動詞は一般的には行為を表します。しかし、動作を表す場合もあれば、行為の結果のみを表す場合もあります。例えば「アルク」は歩いている動作を指します。「カタヅケル」は、行為の結果を指します。整頓されていない状況から、片付いて整頓された結果に変化させれば、「カタヅケル」が使えます。

動詞の意味は視点で変わる

動詞の意味には「視点」も入りこみます。

「ともだちのうちにあそびにくるね」(52ページ)

英語で「すぐ(そっちに)行くよ」と言うとき“I'm going.”ではなく“I'm **coming.**”と言います。take と bring の使い方もそれと連動しています。「パーティにワインを持って行くね」と英語で言うとき、“I will **bring** wine to the party.”と言います。英語では、相手がいるところを基準にして、そこに近づいていけば come を使います。

しかし日本語は、自分を基準にして、相手に近づいていくときは「行く」と言うのです。おともだちのうちに「くるね」と言った子は、英語の発想で「行く」「来る」の意味を考えたのですね。

「行く」「来る」の方向性は、目で見てわかるものではありません。視点の中心をどこにもってくるかについての文化特有の慣習を知らなければなりません。でも、それを大人は教えてくれない。というより、意識の上では気づいていないのです。大人でも気づいていないことを子どもは自分で発見しなければならないのです。

動詞は、動作なのか、結果なのかを見極めるのも難しいし、それぞれの状況に共通するビジュアル的な手がかりはほとんどない。お父さんやお母さんが口で説明することさえできない、文化の慣習で決まる視点も入り込んでくる。でも、ことばを覚えていく小さい子どもは、結局は、こんな複雑な視点システムを見破ることができるのです。

動詞の意味を正しく推論するのは、シャーロック・ホームズなみの推論の力が必要なのです。最初は戸惑い、たくさんのまちがいをしながらも、最終的にはこんなに複雑で抽象的なシステムを自分で発見し、膨大な数のことばを覚え、言語を使いこなせるようになる人間の子ども。ほんとうに脱帽するしかありません。

単語が複数の意味を持つ理由

「赤ちゃんズミステイクアワード」の応募作品で目立ったのは、単語の意味の「誤解」です。やきそばを食べたかった子が、お店の人に「今日は麺が切れていまして……」と言われ、「ぼく、めんがきれててもいい！　みじかくてもいい！」と言ったエピソードがありました（106ページ）。私の大のお気に入りです。

単語は、たいてい複数の意味をもちます。なぜでしょう？　答えは「言語の経済性」です。言語の本質的な特徴として、「経済的であること」ということがあります（詳しくは拙著『言語の本質』の第3章をお読みください）。金銭的な意味での「経済性」ではありません。言語の情報処理をするときに、脳への負担をなるべく少なくする、という意味での「経済性」です。単語ひとつについて、ひとつの意味しかもつことができなかったら何が起こるでしょうか？　単語の数がものすごく増えてしまいますね。

覚えなければならない単語の数をなるべく減らして、でも表現のクオリティは下げたくない。このジレンマを解決するのは、ひとつの単語に複数の意味をもたせることです。これが多義語が必要になる所以《ゆえん》です。

ひとつの単語の複数の意味を簡単に覚えられるか。そうではないようです。「ボールぽーいして」とお母さんが言ったら、ボールをつかんでゴミ箱に捨てた、という愉快な例がありました（16ページ）。「ポイする」ということば（オノマトペの動詞）は、「捨てる」という意味と「投げる」という意味の両方で使われます。この子は「捨てる」しか知らなかったのですね。目が痛くて泣いていた子ども。「（目を）パチパチしてごらん」と言われて、涙を流しながら「手をパチパチ」たたいたという、可愛くも、かわいそうなエピソードもありました（30ページ）。

言語は、まったく同じ表現でも、文脈によって違う意味に解釈できます。それこそが、言語のとても重要な特徴のひとつです。大人でも一瞬考えてしまうかもしれません。それでも、「経済性の原理」は大事で、単語の意味を文脈に応じて毎回解釈しなければならないというコストを払っても、必要な単語の数を抑えるほうが大事なのです。

比喩は言語の本質

多義語は単語の典型的な意味から比喩的に派生し、その使い方が慣習としてコミュニティに共有されたものと考えられるかもしれません。まだ慣習となっていないと比喩と受け止められるのかもしれません。

回転寿司のお店で、流れてくるお寿司をみて、「おすしのさんぽ」と言った子ども(22ページ)。

ネックレスのことを「くびしまり」と言った子ども(102ページ)。「たいらな歌うたって」とか「ちょっとくにゃくにゃな歌だね」と言った子ども(158ページ)。

こういういいまちがいはみんな、すてきな比喩の表現ですね。子どものころから、自然とことばを比喩的に使うことができます。この力をもってことばを使っていけば、自然に単語のひとつの意味は拡張されていき、多義になります。多義語の慣習的な意味を文脈に応じて解釈するのは小さい子どもには難しいけれど、人間が幼いころからもつ想像力で、知っている単語の意味を比喩的に拡張するのは、ごく自然なことなのです。

そういえば、時間の表現も、空間からの比喩でできています。例えば、「まえ」とか「うしろ」とか。「2週間あと」「ひと月まえ」などと言いますね。目に見えない概念を、目に見える概念のことばの比喩として表現することは、言語の特徴です。「1年前のことを振り返る」とも大人は言います。みなさんは、この文の矛盾にお気づきですか？「1年前」は時間が過去へ向かうモデルです。一方で「振り返る」は、自分が未来に向かうモデルを使っているのです。大人はこの矛盾したふたつのモデルを意識することなく言語の慣習として使っています。

子どもはさまざまに大人が当たり前に思っている言語の慣習とは外れたことを言います。言語の慣習と明らかにバッティングしなければ、「かわいい詩人のような言い方」と大人は思います。でも、慣習的に決まった言い方があると、「まちがい」になってしまうのです。子どもがことばを覚え、使いこなすようになって立派な母語話者になるというのは、慣習によって、言語の表現上の論理の矛盾に気づかないほど、自分の思考を言語に溶け込ませてしまうことなのだ、ということも言えるかもしれません。

人間は、子どもの時から、自由に想像力を羽ばたかせてことばを拡張する能力を持っています。それは人間の素晴らしい性質であり、文化を創造する原動力になります。しかし、コミュニティのメンバー全員が言語を理解し合えるためには、各個人の想像力に制限をかけて、共通に使える決まりごとも必要になってきます。これが慣習なのです。

子どものいいまちがいの「作品」を見ていると、言語の本質的な特徴をさまざまな方面から多彩に見せてくれます。また、人間が生まれながらにもつ思考のしかたや推論能力から言語がどのように生まれてきて、進化し、現在の姿になってきたかという問題について、さまざまな仮説を私たちに考えさせてくれます。私も、これらについてもっともっとみなさんにお話ししたいことがあります。でも、もう解説文としてはすでに長くなりすぎたので、それはまたの機会にさせていただくことにいたしましょう。

では、みなさん、赤ちゃんのいいまちがいの作品集を、心から楽しんで、ほっこりしてくださいね〜。

水野太貴（みずの だいき）
1995年生まれ。愛知県出身。名古屋大学文学部卒。専攻は言語学。出版社で編集者として勤務するかたわら、YouTube、Podcastチャンネル「ゆる言語学ラジオ」で話し手を務める。著書に『言語オタクが友だちに700日間語り続けて引きずり込んだ 言語沼』（バリューブックス・パブリッシング）がある。

吉本ユータヌキ（よしもと ゆーたぬき）
大阪府出身、滋賀県在住のイラストレーター・漫画家。「気にしすぎ」な人が気楽に生きていけるヒントになる作品を作りたいと思っている。著書に『あした死のうと思ってたのに』（扶桑社）、『「気にしすぎな人クラブ」へようこそ』（SDP）がある。

今井むつみ（いまい むつみ）
慶應義塾大学環境情報学部教授。1989年慶應義塾大学大学院博士課程単位取得退学。94年ノースウェスタン大学心理学部Ph.D.取得。専門は認知科学、言語心理学。著書に『ことばの発達の謎を解く』（ちくまプリマー新書）、共著に『言語の本質』（中公新書、新書大賞2024受賞）などがある。

きょう、ゴリラをうえたよ
愉《ゆ》快《かい》で深《ふか》いこどものいいまちがい集《しゅう》

2024年 7月31日　初版発行
2024年10月20日　3版発行

著者――水野《みずの》太貴《だいき》
イラスト――吉本《よしもと》ユータヌキ
監修・解説――今井《いまい》むつみ
発行者――山下直久
発行――株式会社 KADOKAWA
〒102-8177　東京都千代田区富士見 2-13-3
電話　0570-002-301（ナビダイヤル）

印刷・製本――TOPPANクロレ株式会社

ISBN 978-4-04-114431-2　C0080